Las mascotas de mi casa

Los gatos

Jennifer Blizin Gillis

Traducción de Paul Osborn

Heinemann Library
Chicago, Illinois

© 2004 Reed Educational & Professional Publishing
Published by Heinemann Library,
an imprint of Reed Educational & Professional Publishing,
Chicago, Illinois

Customer Service 888-454-2279
Visit our website at www.heinemannlibrary.com

Page Layout by Kim Kovalick, Heinemann Library
Printed and bound in China by South China Printing Company Limited
Photo research by Jill Birschbach

07 06 05 04
10 9 8 7 6 5 4 3 2 1

Library of Congress Cataloging-in-Publication Data
Gillis, Jennifer Blizin, 1950-
[Cats. Spanish]
  Los gatos / Jennifer Blizin Gillis ; traducción de Paul Osborn
  p. cm.--(Las mascotas de mi casa)
Includes index.
  ISBN 1-4034-6032-9(hc), 1-4034-6039-6(pb)
  1. Cats--Miscellanea--Juvenile literature. I. Title.

SF445.7.G5618 2004
636.8--dc22
                                        2004054355

Acknowledgments
The author and publishers are grateful to the following for permission to reproduce copyright material:

Cover photograph by Scott Braut

pp. 4, 14, 15, 16, 17, back cover Greg Williams/Heinemann Library; p. 5 Jill Birschbach/Heinemann Library; pp. 6, 8 Dwight Kuhn; p. 7l Digital Vision/Getty Images; pp. 7r, 10, 11, 12, 13, 20, 21 Scott Braut; p. 9 Tudor Photography/Heinemann Library; p. 18 Renee Stockdale/Animals Animals; pp. 19, 22 Dave Bradford/Heinemann Library; p. 23 (from T-B) Dave Bradford/Heinemann Library, Greg Williams/Heinemann Library, Greg Williams/Heinemann Library, Dwight Kuhn, Greg Williams/Heinemann Library

Every effort has been made to contact copyright holders of any material reproduced in this book. Any omissions will be rectified in subsequent printings if notice is given to the publisher.

Special thanks to our bilingual advisory panel for their help in the preparation of this book:

Anita R. Constantino
Literacy Specialist
Irving Independent School District
Irving, TX

Aurora Colón García
Literacy Specialist
Northside Independent School District
San Antonio, TX

Argentina Palacios
Docent
Bronx Zoo
New York, NY

Leah Radinsky
Bilingual Teacher
Inter-American Magnet School
Chicago, IL

Ursula Sexton
Researcher, WestEd
San Ramon, CA

Contenido

¿Qué tipo de mascota es ésta? 4

¿Qué son los gatos? 6

¿De dónde vino mi gato?. 8

¿Qué tamaño tiene mi gato? 10

¿Dónde vive mi gato? 12

¿Qué come mi gato? 14

¿Qué más necesita mi gato? 16

¿Qué puedo hacer por mi gato? 18

¿Qué puede hacer mi gato? 20

Mapa del gato 22

Glosario en fotos 23

Nota a padres y maestros. 24

Índice 24

Unas palabras están en negrita, **así**.
Las encontrarás en el glosario en fotos de la página 23.

¿Qué tipo de mascota es ésta?

Las mascotas son animales que viven con nosotros.

Algunas mascotas son pequeñas y resbalosas.

Mi mascota es pequeña y peluda.

¿Puedes adivinar qué tipo de mascota es?

¿Qué son los gatos?

Los gatos son **mamíferos**.

Los mamíferos producen leche para sus crías.

Hay gatos grandes que viven en la naturaleza.

Pero la mayoría de los gatos son pequeños y viven con las personas.

¿De dónde vino mi gato?

Una gata mamá tuvo una camada de gatitos.

Cuando nacieron, los gatitos no podían ver.

Se quedaron con su mamá por ocho semanas.

Entonces llevé uno de los gatitos a mi casa.

¿Qué tamaño tiene mi gato?

Al principio, mi gatito era tan pequeño como tu mano.

Tenía el peso de una pequeña bolsa de azúcar.

Ahora mi gatito es un gato.

Es tan grande como un par
de zapatos.

¿Dónde vive mi gato?

Mi gato vive dentro de la casa con nosotros.

No necesita una casa especial.

Mi gato tiene una cama.

Es suave y redonda.

¿Qué come mi gato?

Mi gato come comida seca para gatos.

A veces come pescado también.

Siempre le doy agua para tomar.

A veces le doy bocadillos especiales a mi gato.

¿Qué más necesita mi gato?

Mi gato necesita una **caja de arena**.

Es como un bacín para gatos.

Mi gato necesita un **collar** y una placa de identificación.

Éstos me pueden ayudar a ubicar mi gato si se pierde.

¿Qué puedo hacer por mi gato?

Juego con mi gato todos los días.

Jugar es buen ejercicio para los gatos.

Cepillo mi gato todos los días.

Cepillar mantiene lustroso el **pelaje** de mi gato.

¿Qué puede hacer mi gato?

Mi gato es fuerte.

Puede saltar alto.

Mi gato es inteligente.

Sabe cómo abrir la puerta.

Mapa del gato

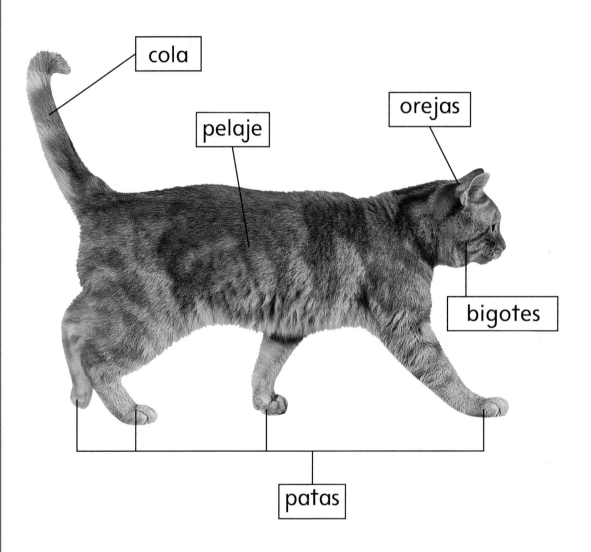

cola

pelaje

orejas

bigotes

patas

Glosario en fotos

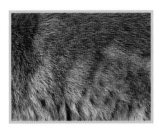

pelaje
página 19
pelo grueso que cubre el cuerpo
de un animal

collar
página 17
tira de tela o cuero que una
mascota lleva en su cuello

caja de arena
página 16
caja pequeña que los gatos usan
como bacín

mamífero
página 6
animal que tiene pelo o pelaje y
que produce leche para sus crías

Nota a padres y maestros

Leer para buscar información es un aspecto importante del desarrollo de la lectoescritura. El aprendizaje empieza con una pregunta. Si usted alienta a los niños a hacerse preguntas sobre el mundo que los rodea, los ayudará a verse como investigadores. Cada capítulo de este libro empieza con una pregunta. Lean la pregunta juntos, miren las fotos y traten de contestar la pregunta. Después, lean y comprueben si sus predicciones son correctas.

Piensen en otras preguntas sobre el tema y comenten dónde pueden buscar las respuestas. Ayude a los niños a usar el glosario en fotos y el índice para practicar nuevas destrezas de vocabulario y de investigación.

 AVISO: Recuerde a los niños que tengan cuidado al tocar a los animales. Las mascotas posiblemente arañen o muerdan si se encuentran asustadas. Después de tocar a cualquier animal, los niños deben lavar sus manos con agua y jabón.

Índice

agua 15

bocadillos 15

caja de arena. 16

cepillar 19

comer 14–15

comida. 14–15

hacer ejercicio 18

jugar 18

tamaño 10–11